Dieses Buch gehört:

_____

Rainer Wolke

Wickie im Bann des Zauberers

Wickie und die starken Männer
Lesen lernen mit Comics
Leseanfänger

Klett Lerntraining

Bibliografische Information der Deutschen Nationalbibliothek
Die Deutsche Nationalbibliothek verzeichnet diese Publikation in der
Deutschen Nationalbibliografie; detaillierte bibliografische Daten sind
im Internet über http://dnb.dnb.de abrufbar.

Dieses Werk folgt der neuesten Rechtschreibung und Zeichensetzung.

Auflage   3 2 1 | 2017 2016 2015
Die letzten Zahlen bezeichnen jeweils die Auflage und das Jahr des letzten Druckes.

© Klett Lerntraining, c/o PONS GmbH, Stuttgart 2015. Alle Rechte vorbehalten.
www.klett-lerntraining.de, www.lesedrachen-club.de
Der Online-Zugang zum Leseführerschein ist bis drei Jahre
nach Erscheinen des Buches gewährleistet.
Teamleitung Grundschule und Kinderbuch: Susanne Schulz
Redaktion: Jette Maasch, Jana Haußmann
Umschlaggestaltung und Layout: Sabine Kaufmann, Stuttgart
Illustrationen: Julian Jordan, Luis-José Beltran, Iñigo Motxo/Comicon, Barcelona
Satz: tebitron gmbh, Gerlingen
Druck: Himmer AG, Augsburg
Printed in Germany
ISBN 978-3-12-949256-7

Inhalt

Eine seltsame Insel

Die Sterne funkeln
über dem Drachenboot der Wikinger.
Wickie und die starken Männer
sind schon seit Tagen unterwegs.
Halvar gähnt und brummt dann:
„Schlafenszeit, Männer!
Snorre, du bist dran mit Nachtwache!"

Snorre freut sich.

„Hulla! Eine Kleinigkeit für mich!"

Halvar sieht ihn streng an.

„Der Polarstern ist der hellste",
erklärt er.

„Steure backbord an ihm vorbei!"

Snorre winkt ab.

„Wird gemacht, Chef", antwortet er.

„Gute Nacht!"

Alle anderen legen sich schlafen.

„Wo ist noch mal backbord?",
fragt Snorre sich leise.
Er zieht das Steuer nach rechts.
So fahren sie steuerbord
am hellsten Stern vorbei.
Als sie am Morgen aufwachen,
staunen die starken Männer.
Vor ihnen liegt eine seltsame Insel.
Die Bäume sind rosa.
Grüne Eichhörnchen flattern umher.
„Lasst uns schnell wieder fahren!",
bettelt Wickie.

Aber da …

Bald sind nur noch
Wickie und Urobe an Bord.
„Die Sache gefällt mir nicht",
murmelt Wickie vor sich hin.
„Mir auch nicht", grummelt Urobe.
„Rosa Bäume und grüne Eichhörnchen,
da war doch irgendetwas!"

Dann klettern auch Wickie und Urobe
vom Drachenboot.

„Vater?", ruft Wickie unruhig.

Aber Halvar antwortet nicht.

„Die Sache gefällt mir gar nicht",
wiederholt Wickie.

Plötzlich stößt sein Fuß
gegen etwas Hartes im Sand.

Wickie buddelt ein Schild aus.

Der Zauberer

„Hier gibt es einen bösen Zauberer!",
ruft Wickie Urobe erschrocken zu.
„Rosa Bäume", antwortet der.
„Ich hab doch gewusst,
dass da etwas nicht stimmt!"
Wickie schluckt und grübelt:
„Wo stecken nur unsere Männer?"

10

Die beiden schleichen vorsichtig
durch den seltsam bunten Wald.
Auf einer Lichtung
entdecken sie ein großes Buch.
Begeistert rufen Wickie und Urobe:
„Wie wunderschön!",
Sie rennen um die Wette.
„Da stehen bestimmt
spannende Sachen drin",
schnauft der alte Urobe.

Doch als sie am Buch ankommen,
zerplatzt es wie eine Seifenblase.
Im selben Moment
wachsen um die beiden herum
Stangen aus dem Waldboden.
Sie sind in einem Käfig gefangen.
„Hilfe, Vater!", ruft Wickie.
Dann entdecken sie
die anderen Wikinger.
Alle sind gefangen.
Snorre seufzt: „Jetzt ist alles aus!"

Plötzlich macht es puff!

Der Zauberer verbeugt sich.

„Ich bin der große Zauberer Kadabra.

All das ist mein Werk!", prahlt er.

„Aber eine Burg zaubern,

das kann ich leider nicht.

Die ist etwas zu groß."

Halvar winkt ab.

„Macht nichts", grummelt er.

„Können wir jetzt gehen?"

Kadabra schüttelt den Kopf.

„Ihr versteht nicht ganz",

antwortet er.

„Ihr werdet mir die Burg bauen!"

Wickie bekommt einen Schreck.

„Was?", ruft er entsetzt.

Der Zauberer nickt.

„Genauso wird es geschehen!"

Keine Wahl

Kadabra zeigt den Wikingern
einen großen Haufen Steine.
„Daraus werdet ihr meine Burg bauen",
erklärt er ihnen.
„Es wird die größte und schönste
weit und breit!"
Halvar schüttelt den Kopf.
„Sobald du uns aus dem Käfig lässt,
hau ich dir auf die Nuss!", droht er.

16

Aber der Zauberer lacht nur.
Er schickt grelle Blitze zum Meer
und verschwindet in einer Wolke.
Den Wikingern stockt der Atem.

Als die Wolke wieder auftaucht,
hält Kadabra etwas in der Hand.
Halvar brüllt entsetzt: „Mein Schiff!
Was hast du damit gemacht?"

Der Zauberer grinst.

„Ich hab es mauseklein gezaubert",

gibt er lachend zu.

„Ihr könnt erst nach Hause,

wenn meine Burg fertig ist."

Halvar stöhnt mutlos:

„Gut, du hast gewonnen.

Mach die Käfige auf."

Kadabra kichert.

„Warum nicht gleich so?"

Gesagt, getan ...

Jetzt wird's ernst!

Endlich!

ÄCHZ!

Wohl!

Du tust ja gar nichts!

TRillili!

Hö? Ein pfeifender Baum?

Mein armer Rücken!

KEUCH!

Die starken Männer
arbeiten und arbeiten und arbeiten.
Am Mittag sind alle sehr erschöpft.
„Bis die Burg fertig ist,
bin ich so alt wie du, Urobe",
keucht Wickie.

Urobe krault seinen langen Bart.

„Mein Urgroßvater hat mir

von rosa Bäumen erzählt",

fällt ihm dabei ein.

„Und er hat mir Schutzzeichen

gegen Zaubersprüche beigebracht.

Aber dafür müsste das Schiff

wieder groß sein", seufzt Urobe.

Wickie grübelt lange.

Dann flüstert er: „Ich hab's!"

Ausgetrickst!

„Pause zu Ende!",
ermahnt der Zauberer die Wikinger.
Wickie schnappt sich einen Stein.
Aber er geht nur drei Schritte.
Dann lässt er den Stein fallen,
genau vor dem Zauberer.

22

„Hey!", schimpft Kadabra.

„Arbeite weiter!"

Aber Wickie schüttelt den Kopf.

Mutig ruft er dem Zauberer zu:

„Ich glaube nicht,

dass du unser Schiff

wieder groß zaubern kannst!"

Der Zauberer antwortet beleidigt:

„Du Naseweis zweifelst an mir?"

Kadabra ruft den Wikingern zu:
„Kommt mit ans Meer,
ich werde es euch beweisen!"
Das kleine Drachenboot nimmt er mit.
Die starken Männer staunen.
„Wickie, was hast du vor?",
will Halvar wissen.
Schnell flüstert Wickie ihnen zu,
was sie gleich tun sollen.
Am Ufer angekommen,
setzt der Zauberer Kadabra
das kleine Drachenboot ins Meer.

Darauf haben Urobe und Wickie nur gewartet ...

Kadabra ist wütend wie eine Hornisse.
Er schleudert
einen Zauberblitz nach dem anderen
in Richtung Drachenboot.
Aber die Zeichen von Urobes Uropa
schützen die Wikinger.
„Du kannst uns nichts mehr anhaben!",
ruft Wickie ihm fröhlich entgegen.
Halvar spottet:
„Bau dir deine Burg alleine!"

Der Wind bläht die Segel auf.
Bald sind die Wikinger wieder
auf hoher See.
Es wird langsam dunkel.
„Cheeeheff", nuschelt Snorre.
„Ich übernehme die Nachtwache, ja?"
Aber Halvar winkt ab:
„Heute Nacht
mache ich das lieber selbst!"

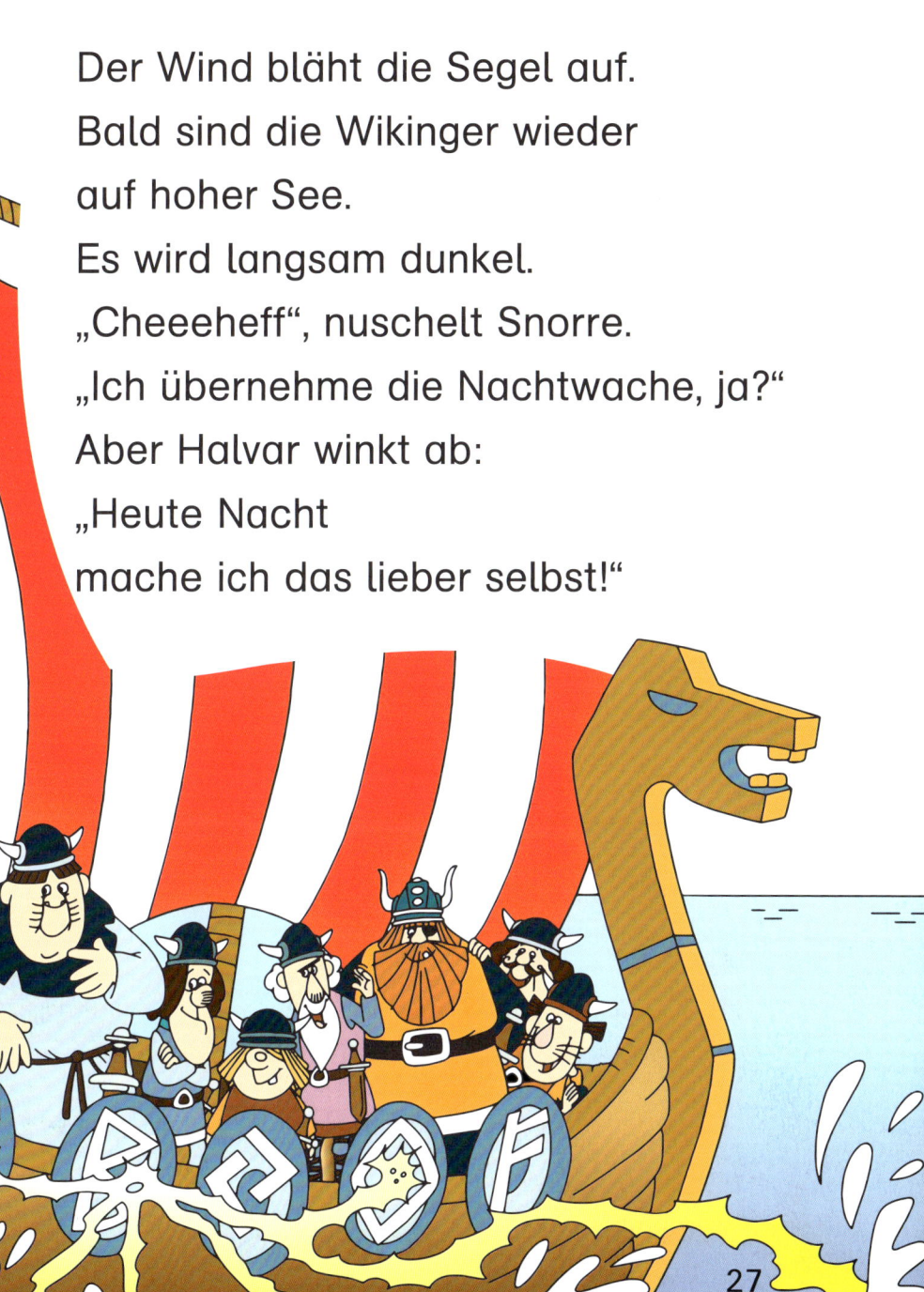

27

Starke Fragen
für helle Köpfe

 **1** **Was verwechselt Snorre beim Steuern?**

B ☐ links und rechts

P ☐ backbord und steuerbord

E ☐ oben und unten

2 **Welche Farbe haben die Bäume auf der Zauberinsel?**

H ☐ grün

L ☐ braun

O ☐ rosa

3 Welche Bedeutung hat das Schild, das Wickie findet?

S ☐ Es ist eine Schatzkarte.

L ☐ Es ist eine Warnung.

K ☐ Es ist ein Kochrezept.

4 Warum kann sich der Zauberer keine Burg zaubern?

A ☐ sie ist zu groß

O ☐ sie ist zu hart

E ☐ sie ist zu schwer

5 Wie klein zaubert der Zauberer das Drachenboot der Wikinger?

W ☐ klitzeklein

R ☐ mauseklein

D ☐ lauseklein

29

6 **Was fliegt auf der Insel herum?**

H ☐ sprechende Wildschweine

Q ☐ wütende Hornissen

S ☐ grüne Eichhörnchen

 **7** **Wie heißt der böse Zauberer?**

L ☐ Abra

T ☐ Kadabra

P ☐ Hokus Pokus

 **8** **Womit malen Urobe und Wickie die Schutzzeichen an ihr Schiff?**

E ☐ mit Kreide

N ☐ mit Kohle

A ☐ Tintenkiller

9 Wer hat Urobe die Schutzzeichen
beigebracht?

B   seine Uroma

R   sein Uropa

K   sein Großcousin

10 Warum darf Snorre auf der Rückfahrt
nicht Nachtwache halten?

Ö   Halvar ist an der Reihe.

N   Halvar befürchtet, sie könnten
sich wieder verfahren.

V   Halvar möchte, dass er
sich ausruht.

Trage die richtigen Buchstaben
in die Kästchen auf Seite 38 ein.

Mitmach-Seiten

1

2

3

5

4

6

7
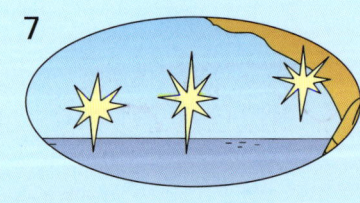

8

3 SCHWERD

2 SCHILT

4 KREIDER

5 UROBE

1 EICHHÖRNCHEN

6 STEIN

7 STERNE

8 HELM

Eine verzauberte INSEL im MEER

33

Die Wikinger landen auf der Insel.
Zehn Fehler haben sich eingeschlichen.
Schau genau hin!
Findest du alle Fehler im unteren Bild?
Kreise sie ein!

Die Wikinger entdecken auf der Insel viele tolle Dinge. Halvar freut sich besonders über das große Schwert. Suche den richtigen Weg, und fahre ihn nach.

Verbinde die Buchstaben zu Wortschlangen, und schreibe die gesuchten Wörter auf. Es ist jede Richtung möglich, aber nicht schräg! Alle Wörter sind dir in der Geschichte begegnet.

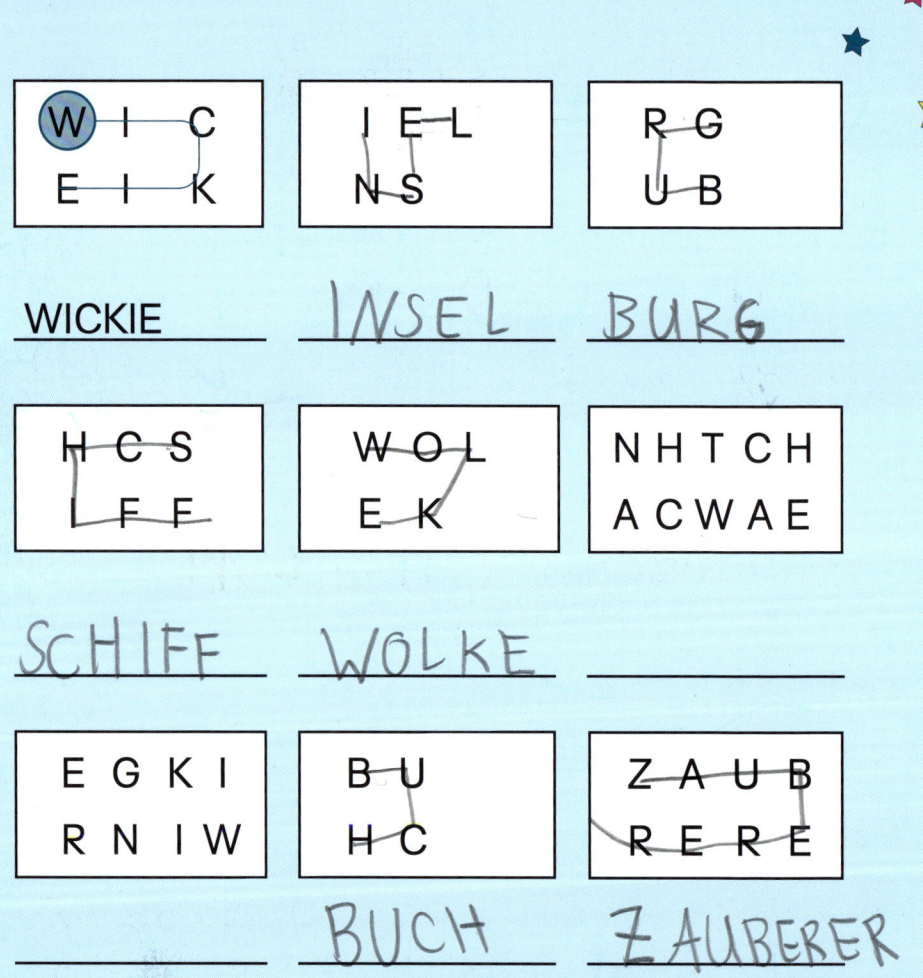

WICKIE   INSEL   BURG

SCHIFF   WOLKE   _____

_____   BUCH   ZAUBERER

Lösungen

Seite 32/33

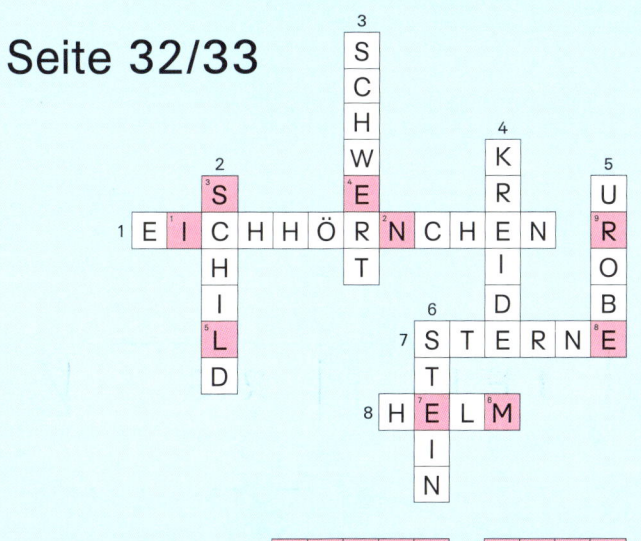

Eine verzauberte **INSEL** im **MEER**

Seite 34

Seite 35

Weg Nummer drei führt Halvar zum Schatz.

Seite 36

WICKIE, INSEL, BURG, SCHIFF, WOLKE, NACHTWACHE, WIKINGER, BUCH, ZAUBERER

Lese-Führerschein

Lösungswort

Hast du alle Fragen beantwortet?
Dann trage hier die Buchstaben der
richtigen Antworten ein.

Tipp: Das Lösungswort hat etwas mit
der Geschichte zu tun!

Gehe jetzt gemeinsam mit deinen
Eltern auf **www.lesedrachen-club.de**

So geht's zum Lese-Führerschein

1. Melde dich kostenlos mit einer E-Mail-Adresse und einem Passwort an.

2. Klicke dann auf Start, und wähle auf der Seite dein Buch aus.

3. Gib nun das Lösungswort ein, bestätige die Eingabe mit OK. Schon hast du 100 Punkte auf deinem Punkte-Konto gutgeschrieben!

4. Nun kannst du dich mit den Lese-Übungen, die für dein Buch angezeigt werden, im Lesen richtig fit machen und die noch fehlenden 50 Punkte für deinen Lese-Führerschein sammeln.

5. Hast du alle Fragen richtig beantwortet? Dann wartet dein Lese-Führerschein auf dich!

Viel Erfolg!

Lesen lernen mit dem Schulbuchprofi ...

... und Wickie, dem cleveren Wikinger!

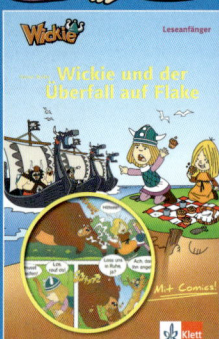

Wickie und die
starken Männer
Wickie und der
Überfall auf Flake
Leseanfänger
978-3-12-949255-0 *Mit Comics!*

Wickie und die
starken Männer
Wickie und das
See-Ungeheuer
Leseanfänger
978-3-12-949237-6 *Mit Comics!*

Wickie und die
starken Männer
Wickie und der
geheimnisvolle Fremde
Leseanfänger
978-3-12-949238-3 *Mit Comics!*

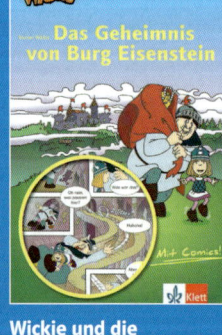

Wickie und die
starken Männer
Das Geheimnis von
Burg Eisenstein
Leseanfänger
978-3-12-949228-4 *Mit Comics!*

Wickie und die
starken Männer
Wickie bei Häuptling
Dicker Büffel
978-3-12-949229-1 *Mit Comics!*

STUDIO 100   © 2015 Studio 100 Media GmbH
www.studio100.de

Für Wickie Fans von jung bis alt –
Abenteuerliche Geschichten rund um Wickie und die starken Männer

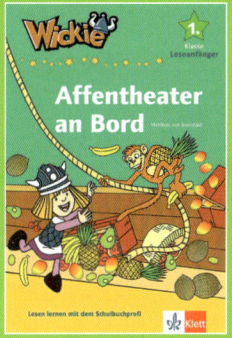

Wickie und die
starken Männer
Wickie in der Klemme
1. Klasse
978-3-12-949068-6

Wickie und die
starken Männer
Affentheater an Bord
1. Klasse
978-3-12-949052-5

Wickie und die
starken Männer
Wickie wird entführt
2. Klasse
978-3-12-949053-2

Wickie und die
starken Männer
Das große Hicksen
2. Klasse
978-3-12-949054-9

Clevere Mandalas mit Wickie –
fördern Feinmotorik, Konzentration und Kreativität

Wickie
und die starken Männer
Mein starkes Mandala-Buch
mit Wickie
978-3-12-949283-3